Maria
Radziwon

Gilbert
Rosenkranz

zwischen den zeilen
Gedanken
Gebete
Gott-Gespräche

Tyrolia-Verlag · Innsbruck-Wien

Sonderausgabe für Sonntagsblatt
Wochenzeitung der Diözese Graz-Seckau

© 2018 Verlagsanstalt Tyrolia, Innsbruck
Umschlag und Layout: Tyrolia-Verlag, Innsbruck
Druck und Bindung: FINIDR, Tschechien
ISBN 978-3-7022-3720-2
E-Mail: buchverlag@tyrolia.at
Internet: www.tyrolia-verlag.at

Inhaltsverzeichnis

suchen

rufen

ruhen

suchen

Wenn du wüsstest,
wie schwer das ist.
Wie soll ich anfangen?
Vielleicht mit einem Kreuzzeichen?
Oder doch einfach loslegen?

Eigentlich weißt du doch,
wie es mir geht
und was mich beschäftigt.
Was soll ich da noch sagen?

Und doch ...

Es tut mir gut,
alles auszusprechen.
Einfach so, ungefiltert.
Und zu wissen,
dass es nicht ins Leere geht.

Du bist da.
Und wirst da bleiben.
Ganz egal,
was ich versuche, dir zu sagen.

Amen.

der Wortacker

staubig
liegt der Wortacker
vor mir

hart gepresst
vom Alltag
die Silben

eisiger Wind
bläst mir ins Gesicht
und mein Herz gefriert

schick mir einen Engel
der mit sanfter Hand
mein Leben pflügt

dann werden
Wörter wachsen und
aufgehen wie ein Baum

unter seiner Krone
finde ich Ruhe und
mein Herz wird weit

Sehen

Sehen möchte ich
mit meinen Augen
aber auch mit dem Herzen
mit meinen Händen
meinem Fühlen
meinem Denken.

Ganz und gar sehen möchte ich
mich selbst
meine Nächsten
auch jene, denen ich neu begegne.

Sehen möchte ich
täglich neu
aber auch meiner Erfahrung bewusst
und achtsam
mit meinen Vorurteilen und Ahnungen.

Ich möchte sehen
und offen bleiben
für Unerwartetes
Liebenswertes
Hoffnungsvolles
aber auch für
Not und Leid
Sorge und Kummer.

Ich möchte sehen
und es wagen
das Wort zu erheben
einzustehen
zu tragen
und zu verkünden
dass du mich sehend machst.

An so vielen Orten kann ich dich finden,
an so vielen Orten möchte ich dich finden,
an so vielen Orten suche ich nach dir
und erkenne dich nicht –
auf den ersten Blick.
Denn manchmal bist du da,
aber verborgen,
manchmal bist du da
und forderst von mir etwas mehr
Überzeugung,
manchmal bist du da
und ich erkenne dich nicht,
weil ich so sehr mit mir selbst beschäftigt
bin.
Manchmal bist du da –
wenn ich einfach vor dir bin,
so wie ich bin.

Gebet eines Zweiflers

du bist so anders als ich
dass ich mich manchmal frage
was wir miteinander zu tun haben, Gott

das auszuhalten ist nicht leicht

aber ohne dich fühle ich mich
wie eine Fahne ohne Fahnenstange
nur gehalten kann ich mich entfalten

verstehen

manchmal braucht es zeit
um zu sehen
was man nicht sehen wollte
um zu hören
wovor man sich zurückzog
um zu fühlen
was man nicht erleben wollte

manchmal braucht es zeit
zu sehen
zu hören
zu fühlen

manchmal braucht es zeit
ruhig zu werden
in sich zu gehen
um
zu sehen
zu hören
zu fühlen
wie der das ganze sieht

der
der immer mit mir geht
der immer da ist
in jedem blick
in jedem geräusch
in jedem gefühl

Versöhnung
beginnt bei mir.
Ich weiß.
Und doch fällt es mir so schwer,
zuerst bei mir
zu bleiben
und nicht auf den anderen zu weisen.
Versöhnung
beginnt bei mir.
In meinem Denken.
In meinem Fühlen.
Mit einem Gebet.

Rose von Jericho

wie eine Rose
auf sandigem Boden

engelsgleich schützen
was im Innersten wohnt

und wenn der Regen kommt
gehen die Flügel auf

und die Rose beginnt
zu fliegen

bist du's?

in einem besonderen raum
mit kirchturm
und sitzbänken
mit altar
und ewigem licht
stille

und doch
nicht zu
sehen
hören
fühlen

leere
in mir
um mich herum

wo soll ich suchen?

vielleicht
woanders

in einem alltäglichen raum
mit küche
und sitzbank
und esstisch
und bienenwachskerze

und mittendrin im
anschauen
zuhören
berühren

ist da was zu spüren
in mir
um mich herum?

bist du's, gott?

dort

weil ich dich hier nicht
sehen
fühlen
schmecken
sprechen
kann

zweifle ich
ob ich dich überhaupt
sehen
fühlen
schmecken
sprechen
kann

hoffe ich
dass ich dich
dort
wo du bist
irgendwann
wenn meine zeit hier zu ende ist

ich dich
dort
wo deine zeit nie zu ende ist
tatsächlich
sehen
fühlen
schmecken
sprechen
kann

Maria

So fremd bist du mir manches Mal
und dann doch wieder so nahe.
Eine Frau mit den Sorgen,
die auch die meinen sind.
Ein rebellisches Kind,
eine beschwerliche Reise,
der Tod eines lieben Menschen.
Du kennst es. So, wie ich es kenne.

Und dann gibt es da die Momente,
in denen ich mich frage, wer du warst.
Wirklich die Frau, der ich mich so nahe fühle?
Oder doch die, von der so viele Gebete
sprechen?
Eine, die mir unnahbar scheint.
Eine, an der kein Makel ist.
Eine, die nie gezweifelt hat.

In diesen Momenten versuche ich,
mir dich vorzustellen.
Natürlich: du bist nicht ich.
Aber du bist eine Frau, wie ich.
Du kanntest Sorgen und Nöte, wie ich.
Du hast Gott zutiefst vertraut.
Das gelingt mir nicht immer.

So fremd bist du mir manches Mal
und dann doch wieder so nahe.
Ich glaube, das darf so sein.

Anrufungen

viele Wege
aber keine Füße
die gehen

viele Türen
aber keine Hände
die öffnen

viele Zungen
aber niemand
der den Mund aufmacht

viele Menschen
aber keine Herzen
die bewegen

wer setzt Schritte?
wer greift zu?
wer meldet sich zu Wort?
wer nimmt sich ein Herz?

treibe uns an
stifte uns an
stecke uns an
rühre uns an

rufen

mehr als genug

ich bring den Mund nicht auf
ich weiß nicht
was ich sagen soll
jedes Wort vergeht auf der Zunge

nichts bleibt mir außer dir
du bist immer da
und das tut weh
denn du zeigst mir mein Elend

du schaust mich an
und ich dich
und das ist alles
und das ist mehr als genug

gerufen

ohne anfrage
ohne wollen
ohne sehnsucht
einfach da

ohne angst
ohne sorge
ohne befürchtungen
ganz sicher

ohne begründung
ohne sicherheit
tief drin spürbar

ich bin gerufen

Gott, rufst du mich?

    Manchmal frage ich mich,

    wohin dein Ruf mich führt.

    Manchmal frage ich mich,

    ob es überhaupt dein Ruf ist.

    Manchmal höre ich nichts.

Gott, rufst du mich?

    Wohin würdest du mich rufen?

    Hast du einen Auftrag für mich?

    Oder versuche ich nur,

    deine Zustimmung

    für meine Pläne zu bekommen?

Gott, rufst du mich?

    Ich bitte dich:

    Rufe mich.

    Sende mich.

    Stärke mich.

    Lass mich deine Stimme hören.

    Und unterscheiden lernen,

    ob ich deinen Segen dahinter erkennen kann

    oder ob ich nur meine eigene Stimme erhebe.

Segne mich, um deinen Ruf zu hören.

Halme der Hoffnung

wo Du Hand anlegst
kann wieder wachsen
aus Dunkelheit
erschaffst Du Worte des Lebens

Halme der Hoffnung
schlagen neue Wurzeln
lass mich nicht leer ausgehen, Gott
am Tag der Ernte

im zweifel

hin- und hergerissen
zwischen entscheidung
und angst
vor den folgen

hin- und hergerissen
zwischen dankbarkeit
und angst
was jetzt kommt

hin- und hergerissen
zwischen vertrauen
und angst
dass er nicht da ist

der, der da ist
immer
bei mose
und vorher
bei jesus
und nachher

hin- und hergerissen
zwischen glauben
und zweifeln

im zweifel
dann aber doch
vertrauen
dass er da ist
und mitgeht
was auch immer kommt

Danken geht dem Wunder voraus,
sagt man.
Lass mich in allem
etwas Gutes finden
und es festhalten.
Ich möchte das Besondere,
das Kostbare,
das Außergewöhnliche,
das Geschenkte
jeden Tag aufs Neue
als Geschenk betrachten
und dir dafür danken.
Denn mein Dank
geht dem Wunder voraus,
das ich jeden Tag
erleben darf:
Gutes
jeden Tag aufs Neue.

Berufung

fische in den Gründen der Menschen
pflücke Blumen im Garten Gottes
ziehe Spuren in der weglosen Wüste
öffne Herzen zu neuer Hoffnung
male Farben an die graue Wand des Alltags

Sorgengott

du machst mir echt Sorgen, Gott

was hast du in einem Stall verloren?
statt hier zwischen Ochs und Esel herumzuliegen
könntest du dich ans Werk machen
und mit starker Hand
aufräumen in der Welt

du machst mir echt Sorgen, Gott

was soll aus dir werden?
deine Eltern sind Flüchtlinge
du gibst dich mit Leuten ab,
denen man besser aus dem Weg geht:
Mächtige und Möchtegerns, Bettler und Peiniger

du machst mir echt Sorgen, Gott

man kennt sich nicht aus bei dir!
den einen wünschst du die Hölle,
den anderen versprichst du das Paradies
die einen schließt du in die Arme,
die anderen weist du schroff von dir

du machst mir echt Sorgen, Gott

du redest vom Reich Gottes
aber wie ich da reinkommen soll,
hört sich ganz schön kompliziert an
und wenn ich sehe, wie du gestorben bist,
muss ich sagen: dieses Reich reicht mir

du bist mir echt ein Rätsel, Gott

doch in Kreuzworträtseln bin ich nicht gut
meine Buchstaben ergeben keinen Sinn
weder von links nach rechts
noch von oben nach unten
die Felder bleiben leer

das Rätsel ungelöst

Gebet in der Küche

wie ein Kochtopf
fühl ich mich
mir wird immer heißer
ich kann nicht mehr abschalten
langsam geh ich über

wenn aus meiner Suppe
noch was werden soll
dann tu was
rühr um und nimm mich
von der Platte

mein Vater

zeige mir, dass du mein Vater bist

ich will an dich glauben
deine Zärtlichkeit spüren
dein Vertrauen erleben

ich will,
dass du mich berührst
mich machen lässt
mich gehen lässt

ich will,
dass du mir sagst
„du kannst das!"
„du schaffst das!"

ich will,
dass du immer bei mir bist
mich alleine
und in Ruhe lässt

ich will,
dass du auf mich schaust
wegschaust und
vorbeischaust

auf einen Kaffee oder Tee
eine Jause zu Hause
wir beide auf der Bank

und wie zum Dank
Lieder singen
die ewig klingen

verdorrter Baum

ich fühl mich wie ein verdorrter Baum
die Äste hängen müde nach unten
haben keinen Halt mehr
spröde geworden sind meine Gedanken
bei der geringsten Belastung brechen sie

richte mich wieder auf, Gott
aus mir kommt keine Kraft mehr
der Boden, auf dem ich stehe,
gibt nichts mehr her

meine Wurzeln greifen ins Leere
ich möchte wieder
wachsen
in die Lüfte und das Erdreich
dir entgegen

gieße deinen Geist ein

ich bin müde
kraftlos und schlapp
meine Füße wollen nicht mehr
die Schritte fallen mir schwer
das Herz ist leer

gieße Deinen Geist ein
lass mich volllaufen mit allem, was Du willst
ich muss es nicht begreifen
aber lass mich nachfühlen
dass Du es gut mit mir meinst

Wunsch

ich möchte mir nicht
Gedanken machen
Sorgen machen
Angst haben vor dem
was sein wird
oder
auch nicht

ich möchte mir
Gedanken machen
mich freuen
zuversichtlich sein
im Blick auf das
was sein wird
oder
auch nicht

ich möchte
vertrauen
dass es
gut sein wird
so
wie es
wird

Stoßgebet

noch immer bin ich nicht leer
schwirren tausend Gedanken durch den Kopf

wann endlich werde ich frei?
wann endlich mache ich mir nichts mehr vor?
wann endlich habe ich genug von mir?
wann endlich fange ich an?

dich zu wollen
dich zu lieben

hören

Einkehr

verloren kehre ich ein bei mir
bestelle den Garten meines Lebens
mit Wasser und Ruhe

durch das Fenster höre ich Glocken
ich gehe mühsam weiter
wie lang reicht der Klang?

Du scheinst mir so unnahbar,
so perfekt,
so heilig …
Ich wage es kaum, dich anzusprechen.
Ich, die ich so unvollkommen bin,
so voller Zweifel,
mit so manchem Kummer im Herzen
und immer wieder auch Groll auf meiner Zunge.
Wie hast du das nur geschafft,
immer wieder dieses
JA
zu sagen, zu meinen, zu fühlen?
Ja
zu allem Unvorhersehbaren,
Überraschenden, Belastenden.
Vielleicht bist du gar nicht so
unnahbar,
perfekt,
heilig.
Du hast einfach nach Wegen gesucht,
Gott aus ganzem Herzen vertraut.
Es gibt wohl kaum jemanden,
der mehr versteht,
wie es mir geht
mit all meinen Fragen.
Immer neu hast du dein JA gesagt.
Immer neu will auch ich es wagen.

am Ende

still
da

und sitzen
und lauschen
und hoffen
und hoffen
und hoffen
und hoffen

dass Gott am Ende
sein Wort sagt

muttersein

streit schlichten
diskutieren
klarstellen
ernst sein
ernst nehmen
umarmen
zuhören
lieb haben

und mitten drin
dankbarkeit
zweifeln
nachdenken

spüren
welche gnade es ist
glauben zu dürfen
dass da noch einer
einen blick drauf hat
viel weiter
als eine mutter

vertrauen
getragen sein
die zuversicht
wachsen lassen

Tropfen

kleiner Tropfen Sonne
strahlende Kugel aus Licht

eine falsche Handbewegung
und schon vergeht sie ins Nichts

Stille

es gut sein lassen
wenn nichts mehr zu sagen ist

damit Stille
zu Wort kommt

und Gott
mit ihr

gemenschelt

jemanden nicht verurteilen
aber sein handeln
einfach nicht
gutheißen können

jemanden nicht fertig machen
aber klare worte finden
für das
was schwer wiegt

jemanden anhören
aber nicht unterbrechen
sondern miteinander
sprechen
interessiert und ehrlich

zwischen
zwei menschen
dieser raum
an worten und taten

wie gut da nicht allein zu sein
und lesen zu dürfen
wie er das gemacht hat
damals vor 2000 jahren

gemenschelt hat es schon immer.

Gnade

beim Blick in den Spiegel
beim Baucheinziehen im engen Kleid
bei den immer mehr werdenden grauen Haaren
bei den Falten im Gesicht

wenn ein ungutes Wort gesagt wurde
wenn das Verzeihen schwer fällt
wenn Ungeduld plagt
wenn ein Ziel nicht erreicht wird

das alles bin ich
nicht jeden Tag
nicht alles auf einmal
aber immer mal wieder

und jedes Mal neu
ist es eine Einladung
dem nachzuspüren
was Gnade bedeutet

welche Erleichterung
dass ich von Gott immer Gnade erfahren darf

Wie ein Blatt im Wind
fühle ich mich manchmal
wenn Sturm aufkommt
in meinem Leben
wenn ich die Richtung
nicht selbst bestimmen kann
wenn ich nicht sehe
wohin es geht
und meine Gedanken
im Kreis wirbeln
ohne Ausweg zu fühlen

Wie ein Blatt im Wind
fühle ich mich manchmal
wenn der Wind nachlässt
wie im freien Fall
und doch lande ich
sanft
am Boden der Wahrheit
und erkenne
dass da einer ist
der bei mir war
im Sturm
im Fallen
im Landen
wie ein Blatt im Wind.

gehen

Psalm gerappt

ein Hasten und Hetzen
und Verletzen
immer am Gas
wo bleibt das Maß
bin kurz
vor dem Sturz
wer gibt mir Halt
mir wird so kalt
wie find ich hier wieder raus
das Herz geht aus

verlangt wird nur meine Pflicht
ich soll nur leisten und tun
für mich gibt es kein Ruhn
wie find ich hier wieder raus
das Herz geht aus
zeig mir den Weg
sonst ist es zu spät
ich kann nicht mehr
ich fühl mich so leer

gib mir Deine Hand
geh mir voran
will wieder atmen
und leben
lieben und lachen
freche Sachen
machen

gib mir Deine Hand
geh mir voran

zu Dir hin

Du legst Deine Hände
auf meine Schultern
zärtlich zu Dir hin

ohne jeden Zwang
schenkst Du meinen Füßen
weiten Raum

und sie gehen
als würden
sie schweben

In der Wüste meines Alltags
lass mich dich spüren,
das Wasser deines Lebens,
das mir Fülle gibt,
mich erfrischt und mit Hoffnung tränkt,
auch wenn alles um mich
einer Wüste gleicht.

Segne die trockenen Sandkörner,
die mich den Wert
auch nur eines kleinen Wassertropfens erkennen
lassen.
Segne die Hitze der Sonne,
die mich den Wert
auch nur eines schattenspendenden Baumes
erkennen lässt.
Segne mich auf meinem Weg
der Suche nach dem Wasser
des Lebens.

ausgebremst

schwer auszuhalten
wenn es anders kommt als gedacht
wenn ich nicht so funktioniere
wie erwartet

bremst du mich ein?

damit ich zur ruhe komme
und atem hole
so tief
wie ich mir sonst wohl nicht die zeit nähme?

Drinnen und draußen

Drinnen klingelt der Wecker.
Draußen ziehen die Nebelschwaden
am Fenster vorbei.

Drinnen klappert das Geschirr
und der Teekessel pfeift.
Draußen ziehen die Schafe
über das taunasse Gras.

Drinnen wird geplaudert,
der neue Tag besprochen.
Draußen rauscht der Wind
in den Blättern der Bäume.

Drinnen wird die Tür geöffnet.
Draußen wird die Tür geschlossen.

Drinnen tanzen Staubkörnchen in einem
Sonnenstrahl, der durchs Fenster fällt.
Draußen tanzen Kinder in der Morgensonne
auf dem Weg zur Schule.

Drinnen stehe ich und winke nach draußen.
Draußen stehen die Kinder und winken nach
drinnen.

Drinnen und draußen
gehören zusammen.

einfach so

wenn ich sehen kann
wie viel liebe mich umgibt
wie viel liebe ich erfahren darf
ganz ungefragt
einfach so

wenn ich hören kann
wie viele guten worte mich umgeben
wie viel gutes mir gesagt wird
ganz ungefragt
einfach so

wenn ich fühlen kann
wie viel mich berührt in meiner umgebung
wie viele mich berühren
tief im innersten
ganz ungefragt
einfach so

zu sehen

zu hören

zu fühlen

was mir alles geschenkt ist

einfach so

lässt mich teilen

einfach so

die liebe

gute worte

berührungen

ganz ungefragt

einfach so

erst dann

mittendrin
kommt es anders
als gedacht

mittendrin
bleibt die zeit stehen

mittendrin
weiß keiner weiter

mittendrin
ist nichts mehr wie es war

und zugleich
merkt kaum jemand
dass etwas anders ist
mittendrin

du aber bist dabei
mittendrin
wenn es anders kommt als gedacht
wenn die zeit stehen bleibt
wenn keiner weiter weiß
wenn nichts mehr ist wie es war
wenn kaum jemand erkennt, dass etwas anders ist
mittendrin

du aber bleibst
gehst mit
bleibst stehen
weißt weiter
erkennst
mittendrin

und manchmal erkenne ich dich erst dann

Herr, lass mich spüren, dass du bei mir bist.
Lass mich erkennen mit all meinen Sinnen,
wenn du mir begegnest:
in meinem Nächsten,
in der Schöpfung,
in der Stille,
im Gebet.

Herr, lass mich frei werden
durch dein Dasein,
dein Mitgehen,
dein Warten auf mich.

Herr, bleibe bei mir,
in meiner Schwachheit,
in meiner Stärke,
in meiner Hoffnung
und in meiner Zuversicht.

mir ein Herz bewahren

mir in der kalten Jahreszeit
ein Herz bewahren

und so hinausgehen
ins Freie

die Schuhe meines Willens fest binden
und falls es eisig wird balancieren

wie auf einem Hochseil
Schritt für Schritt

und ruhig werden
in mir

Leuchtturm

Auf festem Grund gebaut,
beweglich mit Linse und Licht,
doch nicht auf Schönheit bedacht,
sondern für die Dunkelheit,
für Nebel und Dunst.

Das Licht nicht gemacht für die frohen Stunden,
sondern für dann,
wenn nichts zu sehen ist,
wenn sich Sorge und Angst breit machen
auf den Weiten des tosenden Meeres.

Das Licht nicht gemacht, um alles zu sehen,
nicht um auszuleuchten den Ozean,
sondern um zu blinken,
sich zu wenden nach allen Seiten,
um zu zeigen, wo es Land gibt.

Auf festem Grund gebaut,
beweglich mit Linse und Licht,
doch nicht auf Bewunderung bedacht,
sondern als Anknüpfungspunkt gesetzt,
wenn das, worauf man sich sonst verlässt,
nicht mehr greifbar ist.

Ein Licht gemacht für dann,
wenn es schwer ist.
Ein Turm gemacht für dann,
wenn einem nichts bleibt,
als nach oben zu sehen.
Ein Turm gemacht,
um zu leuchten
all jenen, die nach dem Licht suchen.

meine arbeit

die Hand halten
anschauen
dem Blick nicht ausweichen
Worte finden
schweigen
aushalten

sagen
dass ich letztlich keine ahnung habe
aber hoffnung
momente der zuversicht
und so kann ich

aushalten
schweigen
Worte finden
dem blick nicht ausweichen
anschauen
die Hand halten

Heimat Himmel

als wäre der Himmel deine Heimat
und die Erde dein Aufenthaltsraum

du gehst mit einem Leuchten
in den Augen
als würde in deinem Herzen
immerfort die Sonne aufgehn

du zeigst Haut
wo andere ihren Panzer anlegen
deine Antworten sind Tränen und Fragen
und immer wieder ein Lachen

dein Mund
wie ein Mond

du gehst mit mir

du umarmst mich
so fest, dass ich frei atmen kann
so innig, dass ich mich aufmache

ich finde Halt in meinen Schritten
kann selber gehen
denn du bist bei mir
das gibt mir Mut für das Morgen
für den Tag, der im Dunkeln liegt

dein Licht
in meinem Herzen
weist mir den Weg

barfuß

barfuß
auf dem steinigen
Boden meines Alltags
zu gehen tut weh
aber am Ende
meines Weges blühst du mir
einen Seidelbast

nichts geht mehr

heute geht gar nichts mehr
alles ist so mühsam
auch das Beten
ich sitze nur da
und höre nichts
außer mich selbst

geh mit mir
durch das Meer meiner Gedanken
links und rechts von mir sollen sie stehen
wie Wände und mir nichts mehr anhaben können
auf trockenem Boden will ich ziehen
in das Land meiner Sehnsucht

zufall?

manchmal fällt
etwas
oder
jemand
mir zu

nicht auf mich
nicht über mich
nicht in mich

manchmal gibt es dann
eine aufgabe
ein nachdenken
ein miteinander
einen neuen blick
zu etwas
oder
zu jemandem

zufall?

bald bei dir

an der Kreuzung
eisige Kälte
grün die Ampel
rot das Herz

dankbar für die Brücke
den Asphalt und die Füße
bin ich bald
bei dir

wer?

der Apfelbaum
schneeweiß
wiegend im Wind
winkt dem Winter
zum Lebewohl

ein Meer von Blüten
der Frühling bricht herein
Krokusse wie Schiffe
wer lichtet die Anker?
wer setzt die Segel?

drei Stufen

schwer gehen die Füße
leicht das Herz

ich kann springen, laufen
und mich freuen

auch wenn meine Sohlen brennen
von so viel Teer

ich nehme drei Stufen auf einmal
und rufe Dich an

wer zu zweit geht
der geht weit

die Glut in der Hand

die Glut in meinen Händen
fache ich an
mit meinem Atem

sie soll nicht
ausgehen
die Kraft des Augenblicks

ruhen

da ist ein Licht

in Mitten der Kälte
in Mitten des Alltags
in Mitten der Fragen
in Mitten des Zweifelns

ein kleines Leuchten
ein winziges Funkeln

ein warmes Flackern
und gestärkt wird
Zuversicht
und genährt wird
Hoffnung
und wachsen kann
Vertrauen

denn

da ist ein Licht

dann

wenn alles
gesagt
geschwiegen
geschrieben
ist

wenn da keine
worte
ruhe
buchstaben
mehr sind

dann
warten
vertrauen
hoffen

auf den
der immer
ein wort
ein schweigen
eine botschaft
hat

Es gibt für alles eine Zeit im Leben.
Es gibt Stunden, in denen ein neues Leben
beginnt,
und Stunden, in denen um ein Leben
getrauert wird.
Momente, in denen ein Samenkorn in die
Erde gelegt wird
voller Hoffnung und Vorfreude,
und Momente, in denen der Blick ratlos über
verdorrte Böden streift.

Es gibt für alles eine Zeit im Leben.
Auch für Gewalt, Hass und Streit.
Es gibt vor allem aber auch eine Zeit,
um zu heilen, zu lieben und zu versöhnen.
Zeiten, in denen Tränen fließen und
tröstende Worte
nicht ankommen,
und es gibt Stunden voller Lachen, Freude
und Leichtigkeit,
mit Musik und Tanz.

Es gibt für alles eine Zeit im Leben.
Es gibt Stunden, in denen Geliebtes verloren
geht,
so manches kaputt geht und Risse bekommt.
Es gibt Stunden, in denen gesucht und
gesehnt wird,
zusammengefügt und ergänzt.
Es gibt Momente der Erleichterung,
wenn gefunden und umarmt wird.

Es gibt für alles eine Zeit im Leben.
Es gibt Stunden, die schwer sind
von Kummer und Trauer,
Angst und Bedrängnis.
Und es gibt Stunden, in denen tiefer Frieden
spürbar ist. Rundherum und tief im Inneren.

Trauben des Glücks

pflücke
Trauben des Glücks
bringe sie heim
in die Kelter deines Herzens
und presse sie aus

lass sie gären
zu berauschendem Wein
und trinke
bis dein Herz überläuft
vor Freude und Leidenschaft

Feuer und Flamme

wenn etwas
freut
begeistert
ansteckt
interessiert
beglückt

wenn etwas
gut tut
weiterwirkt
anregt
wärmt

dann fühlt es sich an
wie feuer
und flamme
die einander
immer wieder
neu entfachen

nicht um ihrer selbst willen
sondern
um zu brennen
füreinander
und
miteinander

Gute-Nacht-Gebet

ich bin verloren, Gott
keine Ahnung, wo ich umgehe
führ mich heim zu mir

ich bin müde vom Alleinsein
ich mag nicht mehr
ich halte das nicht mehr aus

jetzt geh ich schlafen
du bist da
und alles wird ruhig

Glauben tut gut.

Weil ich nicht wissen muss.

Weil ich nicht beweisen muss.

Einfach nur glauben.

An das Gute.

An die Liebe.

An Gott.

im augenblick

kein groll
kein nachtragen
kein ärgern
kein nachtrauern

einfach da sein
im augenblick
ohne vergangenheit
ohne zukunft
einfach jetzt
im augenblick
weil er mir geschenkt ist

ein danken
ein getragensein
ein lächeln
eine tiefe zuversicht

Kostbar

Staub
war ich
bin ich
werde ich sein
eines Tages
doch nicht irgendein Staub
war ich
bin ich
werde ich sein
eines Tages
denn ich bin
geliebt
gewollt
wie ich bin
von Anfang an
mitten im Alltag
wenn es nur noch Erinnerungen
an mich gibt
kostbar
in den Augen Gottes
war ich
bin ich
werde ich sein
eines Tages

Staunen

ich ein kleiner
Halm nur
Boden
nährt mich
Sonne
strahlt mich an
Regen
tränkt mich
Luft
umgibt mich
Schnee
bedeckt mich

da staunt
der Halm
schüttelt
den Kopf über
seine Blüte
nie hätte er gedacht
dass auf so wenig Grün
so viel Rot aufgehen würde

kleiner Unterschied

nur ein bisschen kälter
und aus Tropfen
werden Flocken

dann gibt es
kein Fallen mehr
nur noch Tanzen

Kirchgang

vor mir ein Mann
mit tiefhängendem Blick
wie die Nebel an diesem Tag
die Zehen geschwollen vor Kälte

auf gefrorenem Boden
war er unterwegs zur Holzhütte
und dann in der Stube
sind die Blasen aufgesprungen

der Priester sagt: Das ist mein Blut

Es war bei einem Gottesdienst in den Anden (Chile).
Es war Winter, stürmisch und kalt. Trotz des
schlechten Wetters hatten sich einige in der kleinen
Holzhütte versammelt, nur notdürftig mit einem
Umhang bekleidet. Zum Teil mussten sie für die
Messe lange Fußmärsche auf sich nehmen. Auch ein
alter Mann war da. Er trug keine Schuhe.

Tropfen

zuerst einer
dann nichts
wieder einer
dann nichts
noch einer
noch einer
noch einer
noch einer

Donnergrollen
grelle Blitze

unzählbare Tropfen

aber irgendwann
ist es vorbei
kehrt Ruhe ein
lichtet sich das Dunkel
in mir

was bleibt

blumen
kerzen
bilder
lieder
worte
gedanken
über dich
der du alles hinter dir gelassen hast

erinnerungen
gespräche
bilder
erfahrungen
mit dir
die du zurückgelassen hast
in unseren herzen

liebe

dankbarkeit

glück

dass du bei uns warst

und jetzt dort bist

wo du ganz so sein kannst

wie du von anfang an gedacht warst

bis wir uns

einmal

wieder

sehen

durch das Jahr

Das neue Jahr liegt vor mir
wie ein weißes Blatt Papier
unbeschrieben, ungefaltet,
ohne Risse und Knicke
es liegt weit und unberührt vor mir.
Wie wird es sein dieses Jahr?

Mit deiner Begleitung, Gott
will ich es wagen
neue Wege zu gehen
dann und wann Falten zu wagen
vielleicht auch hinter den Rissen
in der Leinwand meines Lebens
dich erahnen
Gott
der du mich leitest und begleitest
auf all meinen Wegen
mit allen Knicken, Falten und Schreibfehlern.

Segne mich
die ich auf dem Weg bin
in dieses neue Jahr.

Frühling

voller hoffnung sein

vertrauensvoll wagen

nicht aufgeben

wenn sich schnee darüberlegt

abwarten können

überlegen

abwägen

wenn sich alles kalt und dunkel anfühlt

wieder versuchen

wünschen

sehnen

beten

zuversicht wachsen lassen

auch wenn wieder schnee kommt

und gegenwind

und ein neuer winter

inne halten

fragen stellen

vor gott legen

immer wieder

schweigen

eine antwort spüren

tief drinnen

es in gottes hand legen

wann die zeit reif ist
und der frühling bleibt
und das leben erwacht

Palmsonntag —
für Umleitungen sorgen

die Polizei sperrt die Straßen
aber anders als sonst
keine Trillerpfeifen
Transparente oder Sprechchöre

die Polizei sperrt die Straßen
Christen kommen
Gebete auf den Lippen
Zweige in Händen

wie damals die Taube
aufbrechen aus der Arche
hinausziehen
und Lebenszeichen bringen

auf die Straßen
und für Umleitungen sorgen
und Stopptafeln
vielleicht ist das der Auftrag

Gründonnerstag – Freunde

er lädt seine Freunde
zum Festessen ein
und sie verraten ihn

vor Judas geht er auf die Knie
wäscht ihm die Füße
und bleibt aufrecht

sie schlafen
und während er kämpft
machen sie sich leise aus dem Staub

Gründonnerstag – Judas

das Fest ist aus
kalt der Docht
die Flamme erloschen
doch im Herzen brennt die Sehnsucht

Jesus im Garten
ich möchte ihm folgen
aber ich kann nicht

er hat meine Sache verraten
ich habe alles für ihn gegeben
nichts bleibt mir
ich bin verloren

woran soll ich meine Hoffnung hängen?

Gründonnerstag

Deinen Freunden hast du die Füße gewaschen.
Den Staub abgewischt.
Den Staub der Angst, der sich festsetzt
auf dem, der unsicher ist.
Den Staub der Sorgen, der festklebt auf dem,
der keine Hilfe erhofft.
Den Staub der Einsamkeit, der den umschließt,
der nicht mehr hinausblickt über den eigenen
Tellerrand.
Mit dem Wasser gereinigt.
Gereinigt von allen Unsicherheiten und
Zweifeln.
Gereinigt von Kummer und Schmerz.
Gereinigt von der Dunkelheit.
Deinen Freunden hast du die Füße gewaschen.
Den Staub abgewischt.
Mit dem Wasser gereinigt.
Und die Nässe getrocknet.
Wie ein liebender Vater die Tränen seines
Kindes trocknet.
Damit der Blick klar bleibt für das Weitergehen.
In all dem Staub des Lebens.

Karfreitag

vernagelt
schlugen sie ihn
aus dem Kopf

ans Kreuz

genagelt
hing er
und bat um Vergebung

Kreuz

Ein Balken von dir zu mir.
Ein Balken voller Worte.
Wohlwollende, bestärkende Worte.
Verletzende, erniedrigende Worte.
Ein Balken voller Gesten.
Helfende, tragende Gesten.
Abweisende, angstmachende Gesten.

Ein Glück, dass es da noch den anderen
Balken gibt.
Einen Balken vom Himmel zur Erde.
Ein Balken voller Zusage, Liebe und Hoffnung.
Ein Balken, der in Verbindung bleibt mit uns,
der den Balken von dir zu mir kreuzt.

Wenn sich die beiden Balken verbinden,
sehen wir das Kreuz.
Ein Zeichen, das an das Leid erinnert,
das Menschen einander zufügen können.
Ein Zeichen, das aber auch daran erinnert,
dass wir einander beim Tragen helfen können.
Und dass wir bestärkt werden
in der Verbindung mit dem Himmel.

fünfzehn Auferstehungen

Auferstehung ist
wenn der Ehemann das Bügeleisen
in die Hand nimmt und die Frau das Leben

Auferstehung ist
wenn beim Abendessen Eltern aufmerksam
auf ihre Kinder hören statt auf den Fernseher

Auferstehung ist
wenn Putin auf der Krim einmarschiert
sich dafür entschuldigt und wieder ausmarschiert

Auferstehung ist
wenn ich mir ein Herz nehme
und von meinen Fehlern rede

Auferstehung ist
wenn Israel die besetzten Gebiete räumt
und Hamas dem Terror abschwört

Auferstehung ist
wenn sich die Obdachlosen wieder aufrichten
weil meine Augen zu einer Herberge für sie werden

Auferstehung ist
wenn der Schiedsrichter das Fußballspiel unterbricht
weil er einem Kind die Stoppelschuhe bindet

Auferstehung ist
wenn der Minister Asyl gewährt obwohl der Reisepass
verloren ging als sie um ihr Leben rannten

Auferstehung ist
wenn Oma und Opa nicht nur im Altersheim
einen Platz haben sondern auch in den Herzen

Auferstehung
wenn sich der Pfarrer über den Kirchenchor freut
obwohl Josef immer so falsch singt

Auferstehung ist
wenn der Reiche noch einmal umkehrt
und dem Bettler einen Euro gibt

Auferstehung ist
wenn der Mann endlich frei von der Leber weg sagt
was er denkt und nicht mehr alles hinunterschluckt

Auferstehung ist
wenn die Stationsschwester keine Zeit hat
und trotzdem auf den Sterbenskranken schaut

Auferstehung ist
wenn Traudl zur Messe geht obwohl sie mit
ihren Krücken eine Ewigkeit in die Kirche braucht

Auferstehung ist
wenn Papa nicht die Nerven verliert
obwohl David in der Früh trödelt und er beim
Verabschieden sagt: danke für die Geduld!

ostern

wenn
alle last
alles schwere
alles bedrückende
alles schmerzende

zurückgelassen werden kann

wenn
alle freude
alle großzügigkeit
alle schönheit
alle liebe

erinnerung werden kann

wenn
beides ist
einfach so
nebeneinander
miteinander

Emmaus

Judas und Petrus
gehen nach Emmaus.
Sagt der eine:
„Warum hast du ihn verraten?"
Sagt der andere:
„Ich war so enttäuscht. Und du?"

Und als sie so miteinander sprechen,
gesellt sich ein Mann hinzu.
Und weil er so tut, als ob er von nichts wüsste,
fragen sie ihn: „Weißt du denn nicht,
was in diesen Tagen in Jerusalem geschehen ist?"
Da macht er ihnen klar,
dass Jesus am Kreuz gestorben ist,
weil Gott sie grenzenlos liebt.

Nun gehen ihnen die Augen auf,
sie erkennen ihn, und dass
er ihren Verrat längst verziehen hat.
Sie fallen
einander in die Arme
und weinen.

Thomas

wie eine Lanze
reißt deine Hand
alte Wunden auf

du gehst durch
das Feuer
neugieriger Blicke

ein kleiner Spalt nur
steht offen

an deinen Fingern
klebt blutige Leere

gläubiges Staunen
in der Finsternis

du beginnst
zu begreifen

ein Licht
geht dir auf

Erntedank

Nicht alles, was ich ernte
habe ich gesät
gepflegt
umsorgt
Nicht alles, was ich ernte
habe ich mit Gedanken
Taten
Versuchen begleitet
Manches ist mir einfach
geschenkt
gegeben
anvertraut
Der Segen Gottes
liegt über allem
und ich darf ernten
obwohl ich nicht viel
dazu beigetragen habe
dass es zur Ernte gekommen ist
obwohl ich nicht viel darüber
nachgedacht habe
wer da den Samen säte
pflegte und umsorgte
damit ich ernten kann
und gesegnet bin.

Und doch ist da die Sonne

Voller Kraft noch vor wenigen Wochen
wird das Leben nun stiller,
die Blätter fallen zu Boden.

Und doch ist da die Sonne,
die mit warmen goldenen Strahlen
durch die kahlen Äste glänzt.

Herbststürme mit Regentropfen,
die ans Fenster peitschen,
grau und düster ist es rundherum.

Und doch ist da die Sonne,
die hinter den Wolken wartet,
bis die Finsternis sich verzieht.

Kalt wird es, der erste Frost
kriecht über Nacht auf die Felder,
macht braun und welk das Gras.

Und doch ist da die Sonne,
die mich wärmt,
und wenn es nur ist
im Funkeln eines Tautropfens am Morgen.

Am Ende des Jahres

Segne mich Herr am Ende dieses Jahres,
segne auch das, was in diesem Jahr
unvollendet, bruchstückhaft
geblieben ist.

Segne all die Menschen,
denen ich in diesem Jahr begegnet bin,
nicht immer im Guten,
aber doch oft mit guten Absichten.

Segne all das, was ich geschaffen
in diesem letzten Jahr,
und lass mich dankbar zurückblicken
auf all das Gute,
auf die Herausforderungen,
auf das Glück.

Segne das, was ich in diesem Jahr
nicht gemacht habe
und was so bleiben darf.
Segne auch das,
was ich wieder von Neuem
in Angriff nehmen möchte.

Segne dieses ganze vergangene Jahr.
Ich möchte mit Liebe darauf zurückblicken
und das Schwere zurücklassen,
es aber nicht vergessen,
sondern wandeln
in Kraft und Zuversicht
für das neue, das kommende Jahr.

Von Maria Radziwon stammen die Texte auf den Seiten 10, 12–14, 16–18, 20–25, 29, 30, 32–34, 39, 43, 47, 49, 52–54, 59–66, 68–70, 75, 82–85, 87, 89–91, 95–102, 106, 108, 112 sowie 115–118.

Von Gilbert Rosenkranz stammen die Texte auf den Seiten 11, 15, 19, 26, 28, 31, 35–38, 40–42, 44, 46, 48, 50, 51, 56–58, 67, 71–74, 76–79, 86, 88, 92–94, 103–105, 107, 109, 113 sowie 114.